CONTENTS

목차

1과 포기하지 않은 야곱 (최선을 다하는 용기) • 04

2과 비난을 이겨낸 느헤미야 (비난을 이겨내는 용기) • 08

3과 승리를 확신한 여호수아 (확신을 가지는 용기) • 12

4과 의심을 극복한 기드온 (의심을 버리는 용기) • 16

5과 하나님을 의지한 다윗 (하나님을 의지하는 용기) • 20

6과 믿음의 결단을 한 다니엘 (결단하는 용기) • 24

7과 예수님의 제자가 된 마태 (확신을 가지는 용기) • 28

8과 끝까지 간청한 가나안 여인 (거절을 두려워하지 않는 용기) • 32

9과 어려움을 극복한 나병환자 (장애물을 두려워하지 않는 용기) • 36

10과 정직하게 말한 여인 (정직하게 말하는 용기) • 40

11과 죽기까지 섬기신 예수님 (온전히 섬기는 용기) • 44

12과 순종하여 광야로 나간 빌립 (순종하는 용기) • 48

13과 끝까지 헌신한 누가 (헌신하는 용기) • 52

갓스토리 구성

• **학생용 공과**

낮은 수준부터 6컷의 만화와 높은 수준까지의 질문과 활동이 담겨져 있는 공과책.

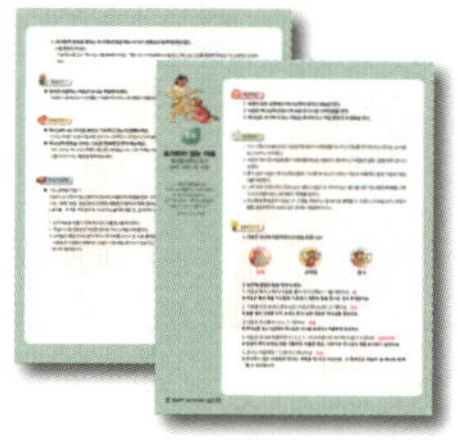

• **교사용 가이드**

학생용 공과의 질문에 대한 답변과 시대적 배경 설명, 활동자료 사용법에 대해 설명. (한장연몰 다운로드)

• **색칠하기**

각 과의 인물을 출력하며 색칠 할수 있도록 만든 컨텐츠. (한장연몰 다운로드)

• **스토리북**

13가지의 이야기를 담아낸 그림책으로 기초적인 질문을 통해 학습.

• **플래시애니메이션**

13과의 만화를 실감나는 영상으로 감상.
(한장연몰 다운로드)

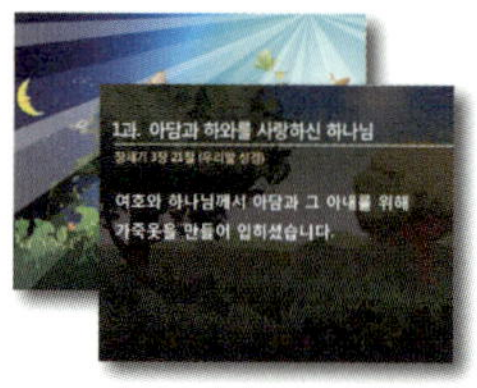

• **설교 PPT**

도입, 스토리, 퀴즈, 적용으로 구성되어 체계적으로 설교를 이끌어 냄.
(한장연몰 다운로드)

갓스토리 사용하기

영 • 유아
(3세~5세)

① 색칠하기

유치 • 유년
(5세~7세)

① 플래시애니메이션

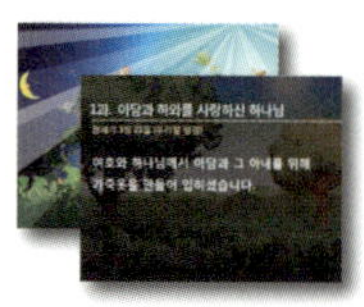

② 설교PPT

③ 스토리북

초등
(7세~13세)

① 플래시애니메이션

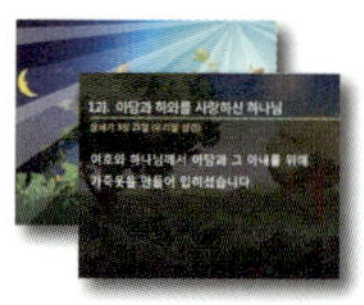

② 설교PPT

③ 학생용 공과

* 가능한 수준까지 문제풀기

갓스토리 활용가이드

• 본문말씀 / 6컷 만화

성경 이야기를 올바르게 이해하기 위해 성경을 찾아 천천히 읽습니다. 공과의 내용을 뚜렷하게 알려주는 중심구절도 반복해서 읽고 묵상하도록 합니다. 본문 말씀의핵심이 되는 6컷 만화는 역할을 맡아 읽거나 플래시 애니메이션을 보면 더욱 재미있게 읽을 수 있습니다. 만화 속에서는 말씀 다지기의 답(빨간 글씨)도 찾을 수 있도록 표시되어 있습니다.

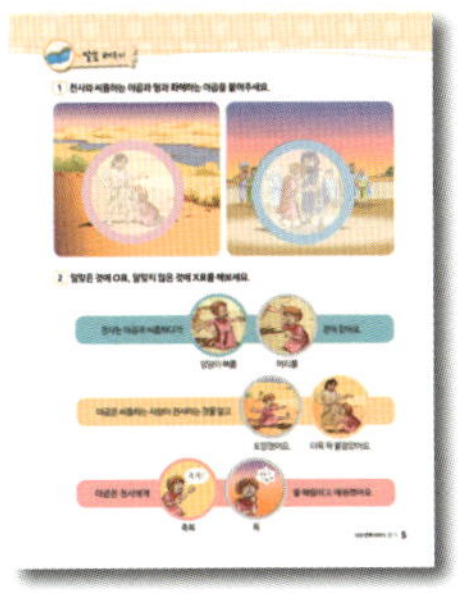

• 말씀배우기

읽고 쓰기가 어려운 학생들을 위한 질문입니다. 스티커 붙이기, 알맞은 것에 O표, 틀린 것에 X표 하기, 맞는것 찾아 연결하기, 따라쓰기의 질문으로 구성되어 있어 성경말씀에 쉽게 접근할 수 있습니다. 질문은 수준별로 나뉘어 있어 학생 수준에 따라 학생이 풀 수 있는 질문까지 풀도록 합니다.

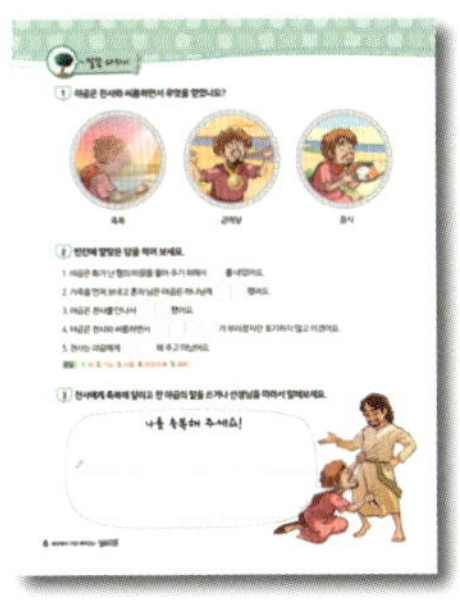

• 말씀다지기

읽고 쓰기가 가능한 학생들을 위한 질문입니다. 질문을 읽고 알맞은 답에 O표 하기, 빈칸에 답적기, 장문쓰기로 구성되어 있어 심화된 수준으로 성경말씀에 접근할 수 있습니다. 질문은 수준별로 나뉘어 있어 학생 수준에 따라 풀 수 있는 질문까지 풀도록 하되, 학생의 특성과 능력에 따라 정답을 보고 따라 적거나 말하는 방법으로 풀이방법을 대체하여 학생이 더욱 적극적으로 참여하도록 합니다.

• 활동하기 / 특별활동

미로찾기, 색칠하기, 오리고 접기, 책 만들기 등 다양한 활동들로 핵심 내용을 학습하도록 구성하였으며, 학생들의 수준에 따라 활동의 난이도를 교사가 조절하여 학습능력을 최대로 이끌어 줄 수 있도록 구성하였습니다. 또한 4과, 9과, 13과에는 특별활동으로 해당 과의 중심된 내용으로 구성하여 학생들이 핵심 단어나 내용을 마음으로 이해할 수 있도록 오감을 자극하는 만들기로 구성하였습니다.

• 말씀따르기 / 기도하기

학습한 내용을 일상생활에 적용하도록 학생과 약속하는 시간입니다. 말씀 따르기가 예배시간 외의 시간과 장소에서도 이루어질 수 있도록 함께 다짐하고 점검하도록 합니다. 그리고 생활에 적용을 위해 그 날에 배운 공과를 기억하고 하나님 말씀대로 살 수 있도록 기도문을 함께 읽고 기도하며 공과를 마칩니다. 마무리와 함께 학생을 향한 교사의 격려와 응원을 덧붙인다면 최고의 공과가 될 것입니다.

1과

포기하지 않는 야곱

소 주 제 : 최선을 다하는 용기

본문말씀 : 창세기 32장 28절(전체말씀 : 창세기 32장 13절~32절)

중심구절 : 그 사람이 말했습니다. “이제 네 이름은 더 이상 야곱이 아니라 이스라엘이다. 네가 하나님과 겨루고 사람들과 겨루어 이겼기 때문이다.”

❶ 야곱은 가족과 많은 가축을 데리고 얍복강에 도착했어요. 그리고 형 에서가 400명의 부하를 데리고 야곱에게 온다는 소식을 듣게 되었어요.
주... 주인님! 형 에서가 부하 400명을 데리고 오고 있어요.
뭐? 형을 속였던 나를 죽이려 하면 어쩌지? 크... 큰일이네!!

❷ 야곱은 화가 난 형의 마음을 풀어주기 위해 꾀를 냈어요.
형에게 줄 선물과 가축을 여러 떼로 나누어 준비하라!
네, 주인님!

❸ 야곱은 가축들을 먼저 얍복강을 건너게 했어요. 그리고는 혼자 남아 하나님께 열심히 기도했어요.
하나님, 에서 형님이 저를 죽이려고 해요! 제발 살려주세요!

❹ 그때 어떤 사람이 나타나 야곱과 씨름을 하다가 이길 수 없음을 알고 야곱의 엉덩이를 걷어찼어요.
어, 제법인데? 에잇!
으악!! 내 엉덩이뼈가 너무 아파!!

❺ 야곱은 엉덩이뼈가 아팠지만 자기와 씨름한 자가 천사인 줄 알고는 용기를 내어 그를 꼭 붙들었어요.
네가 하나님과 또 사람들과 싸워 이겼기 때문에 이제부터 네 이름을 야곱이 아닌 이스라엘이라 할 것이다!
날 축복하지 않으면 절대 놓지 않을 거예요.

❻ 용기 있게 기도한 야곱은 축복을 받아 20년 만에 만난 형 에서와 눈물로 화해하게 되었어요.
형님, 제가 잘못했어요. 저를 용서해 주세요.
동생아, 살아있었구나! 내가 너를 용서하마!

단어 풀이 꾀 해야 할 일 또는 지금 하고 있는 일을 벗어나기 위한 얕은 방법이나 핑계

말씀 배우기

1 **천사와 씨름하는 야곱과 형과 화해하는 야곱을 붙여주세요.**

2 **알맞은 것에 O표, 알맞지 않은 것에 X표를 해보세요.**

천사는 야곱과 씨름하다가

엉덩이 뼈를

머리를

걷어 찼어요.

야곱은 씨름하는 사람이 천사라는 것을 알고

도망쳤어요.

더욱 꽉 붙잡았어요.

야곱은 천사에게

축복

욕

을 해달라고 애원했어요.

말씀 다지기

1 야곱은 천사와 씨름하면서 무엇을 얻었나요?

축복

금메달

음식

2 빈칸에 알맞은 답을 적어 보세요.

1. 야곱은 화가 난 형의 마음을 풀어 주기 위해서 ☐를 내었어요.
2. 가족을 먼저 보내고 혼자 남은 야곱은 하나님께 ☐☐ 했어요.
3. 야곱은 천사를 만나서 ☐☐ 했어요.
4. 야곱은 천사와 씨름하면서 ☐☐☐ ☐가 부러졌지만 포기하지 않고 이겼어요.
5. 천사는 야곱에게 ☐☐ 해 주고 떠났어요.

정답 1. 꾀 2. 기도 3. 씨름 4. 엉덩이 뼈 5. 축복

3 천사에게 축복해 달라고 한 야곱의 말을 쓰거나 선생님을 따라서 말해보세요.

나를 축복해 주세요!

활동하기

1 씨름하는 야곱과 천사의 옷을 색칠해 보세요.

말씀 따르기

1. 하나님께 나는 무엇을 달라고 기도하고 있는지 말해보세요.
2. 하나님께 축복을 구하는 기도를 하루에 한 번 씩 해 보세요.

기도하기

야곱의 기도를 듣고 축복해 주신 하나님, 오늘 저에게도 야곱처럼 하나님을 찾고 구하는 마음과 용기를 주세요. 예수님의 이름으로 기도합니다. 아멘.

2과 비난을 이겨낸 느헤미야

소 주 제 : 비난을 이겨내는 용기
본문말씀 : 느헤미야 2장 18절(전체말씀 : 느헤미야 2장 1절~6장 19절)
중심구절 : 나는 또한 내 하나님의 은혜로운 손길이 내게 있는 것과 왕이 내게 말한 것을 그들에게 말해 주었습니다. 그들이 대답했습니다. "우리가 재건을 시작합시다." 이렇게 그들은 이 선한 일을 시작했습니다.

① 바벨론에 포로로 잡혀와 왕의 술을 책임 맡은 느헤미야는 예루살렘 성벽이 무너졌다는 소식을 들었어요.
예루살렘 성벽은 무너졌고 성문들은 불에 다 타버렸어요.
뭐라고...? 예루살렘 성벽이 무너졌다고?
② 무슨 일이 있는지 물어보는 왕에게 느헤미야는 용기를 내어 말했어요.
무슨 일이냐? 걱정이 있어 보이는데?
왕이시여, 내 조상의 땅 예루살렘 성벽이 무너지고 성문이 불탄 채로 있답니다.
③ 왕은 느헤미야에게 예루살렘 성벽을 쌓는데 필요한 것들을 주며 예루살렘으로 가도록 했어요.
음... 그렇다면 내가 필요한것들을 줄 테니 예루살렘으로 가거라.
감사합니다! 빨리 예루살렘에 가서 성벽을 다시 쌓아야겠다!
④ 느헤미야는 사람들과 성벽을 다시 쌓으려고 했지만 몇몇 사람들이 느헤미야를 비웃으며 방해하려고 했어요.
여러분, 우리 힘을 모아 무너진 예루살렘 성벽을 다시 쌓읍시다! 하나님이 우리를 도우실 것입니다.
좋아요! 영차영차~
푸하하! 성벽 쌓는 일이 애들 장난이냐?
이 성벽은 너무약해서 여우 한 마리만 올라가도 무너질걸!
⑤ 그러나 느헤미야는 용기를 가지고 어떠한 비웃음과 방해도 이겨내며 계속해서 예루살렘 성벽을 다시 쌓았어요.
언제든 싸울 수 있게 창을 들고 일하자고!
성벽이 거의 완성되고 있다! 힘을 내자! 영차!
⑥ 용기를 가지고 예루살렘 성벽을 52일 만에 다시 쌓은 이스라엘 백성들은 하나님 말씀을 함께 읽고 예물을 드리며 찬양했어요.
할렐루야! 무너졌던 예루살렘 성을 다시 세웠다.
와! 용기를 주신 하나님, 감사합니다! 만세!!

단어 풀이 성벽 성의 담벼락 | 비난 남의 허물을 드러내거나 꼬집어 나쁘게 말함

말씀 배우기

1 느헤미야가 용기를 내어 한 일을 스티커로 붙여보세요.

2 알맞은 것에 O표, 알맞지 않은 것에 X표를 해보세요.

느헤미야는

예루살렘 성벽

자기 집

이 무너져서 슬펐어요.

왕은 느헤미야를

감옥

예루살렘

으로 보내주었어요.

사람들이 느헤미야를 비난하고 조롱하자 느헤미야는

그래도 성벽을 쌓았어요.

울었어요.

말씀 다지기

1 느헤미야가 용기를 내어 쌓은 것은 무엇인가요?

성벽

블록

모래성

2 빈칸에 알맞은 답을 적어 보세요.

1. 느헤미야는 ☐☐☐☐ ☐☐이 무너졌다는 소식을 들었어요.
2. 무슨 일인지 물어보는 왕에게 느헤미야는 ☐☐를 내어 말했어요.
3. 왕은 느헤미야에게 성벽을 쌓도록 ☐☐☐☐으로 가도록 했어요.
4. 느헤미야는 비웃음과 방해를 이겨내는 용기를 가지고 예루살렘 성벽을 ☐☐☐☐.
5. 예루살렘 성벽을 다시 쌓은 이스라엘 백성들은 ☐☐☐ ☐☐을 읽고 찬양했어요.

정답 1. 예루살렘 성벽 2. 용기 3. 예루살렘 4. 쌓았어요 5. 하나님 말씀

3 느헤미야가 사람들이 비난하고 놀릴 때 뭐라고 했을지 써 보세요.

그래도 난 하나님의 일을 할 거야!

활동하기

1 느헤미야가 용기를 가지고 쌓았던 예루살렘 성벽을 색칠하여 완성해 보세요.

말씀 따르기

1. 다른 사람이 나를 비난하거나 혼낼 때 나는 어떤 행동을 하는지 말해 보아요.
2. 내가 이번주에 용기를 내서 해야 할 일을 한 가지 정해서 실천하도록 해요.

기도하기

사랑의 하나님, 저에게도 다른 사람들을 두려워 하지 않고 하나님 말씀을 따라 살 수 있는 용기를 주세요. 예수님의 이름으로 기도합니다. 아멘.

3과 승리를 확신한 여호수아

소 주 제 : 확신을 가지는 용기
본문말씀 : 여호수아 6장 16절(전체말씀 : 여호수아 5장 13절~6장 25절)
중심구절 : 일곱 번째에 제사장들이 나팔을 불 때에 여호수아가 백성에게 이르되 외치라 여호와께서 너희에게 이 성을 주셨느니라.

하나님이 여리고성을 반드시 우리에게 주실 것입니다!
글쎄... 저렇게 큰 성을 어떻게 무너트리지?
안 될 것 같은데...

❶ 여호수아는 여리고성 전투를 어려워하는 백성들에게 용기를 가지라고 말했어요.

여호수아야, 두려워하지 말라! 여리고성을 너희에게 줄 것이다!
아멘~

❷ 하나님께서는 여호수아가 승리의 확신을 가지도록 더욱 용기를 주셨어요.

그러게... 더워서 정신이 나갔나? 크크크
걔네들 왜 성 주변만 돌고 있지?

❸ 여호수아와 백성들은 하나님 말씀을 확신하고 용기를 내어 조용히 여리고성 주변을 돌기 시작했어요.

모두 큰 소리로 외쳐라! 하나님께서 우리에게 여리고성을 주셨다!

❹ 드디어 마지막 날, 제사장들이 나팔을 크게 불기 시작했고 여호수아는 백성들에게 외쳤어요.

와~~!!
우르르 쾅쾅!
와르르~

❺ 그러자 백성들은 용기를 내어 힘차게 외쳤고 결국 여리고성은 무너지고 말았어요.

와아! 여리고 성이 무너졌다. 하나님! 만세!
역시! 우리 하나님이 최고야!

❻ 여호수아와 백성들은 하나님의 말씀에 확신을 가졌어요. 그래서 용기 있게 여리고 성을 무너트릴 수 있었어요.

단어 풀이 확신 굳게 믿음

말씀 배우기

1 큰 소리로 외치는 백성들과 나팔을 부는 제사장들을 스티커로 붙여보세요.

2 그림을 보고 알맞은 말을 따라 써 보세요.

여	호	수	아

여	리	고	성

말씀 다지기

1 하나님 말씀을 확신한 이스라엘 백성들이 무엇을 했는지 O표 해보세요.

여리고성을 돌았어요.

망치로 성을 부셨어요.

겁을 먹었어요.

2 빈칸에 알맞은 답을 적어 보세요.

1. 여호수아는 두려워하는 백성들에게 ☐☐를 가지라고 말했어요.
2. 하나님은 여호수아에게 ☐☐☐☐☐ ☐☐고 말씀하셨어요 .
3. 하나님의 말씀을 확신하고 사람들은 여리고성 주변을 ☐☐ 시작했어요.
4. 마지막 날 제사장은 ☐☐을 크게 불고 여호수아와 백성들은 외쳤어요.
5. 백성들이 힘차게 외치자 여리고성은 ☐☐☐☐ 말았어요.

정답 1. 용기 2. 두려워하지 말라 3. 돌기 4. 나팔 5. 무너지고

3 여호수아에게 하나님이 하신 말씀을 쓰거나 선생님을 따라서 말해보세요.

두려워하지말라! 여리고성을 너희에게 줄것이다

활동하기

1 이스라엘 백성들과 함께 여리고성 7바퀴를 점선을 따라서 돌아보세요.

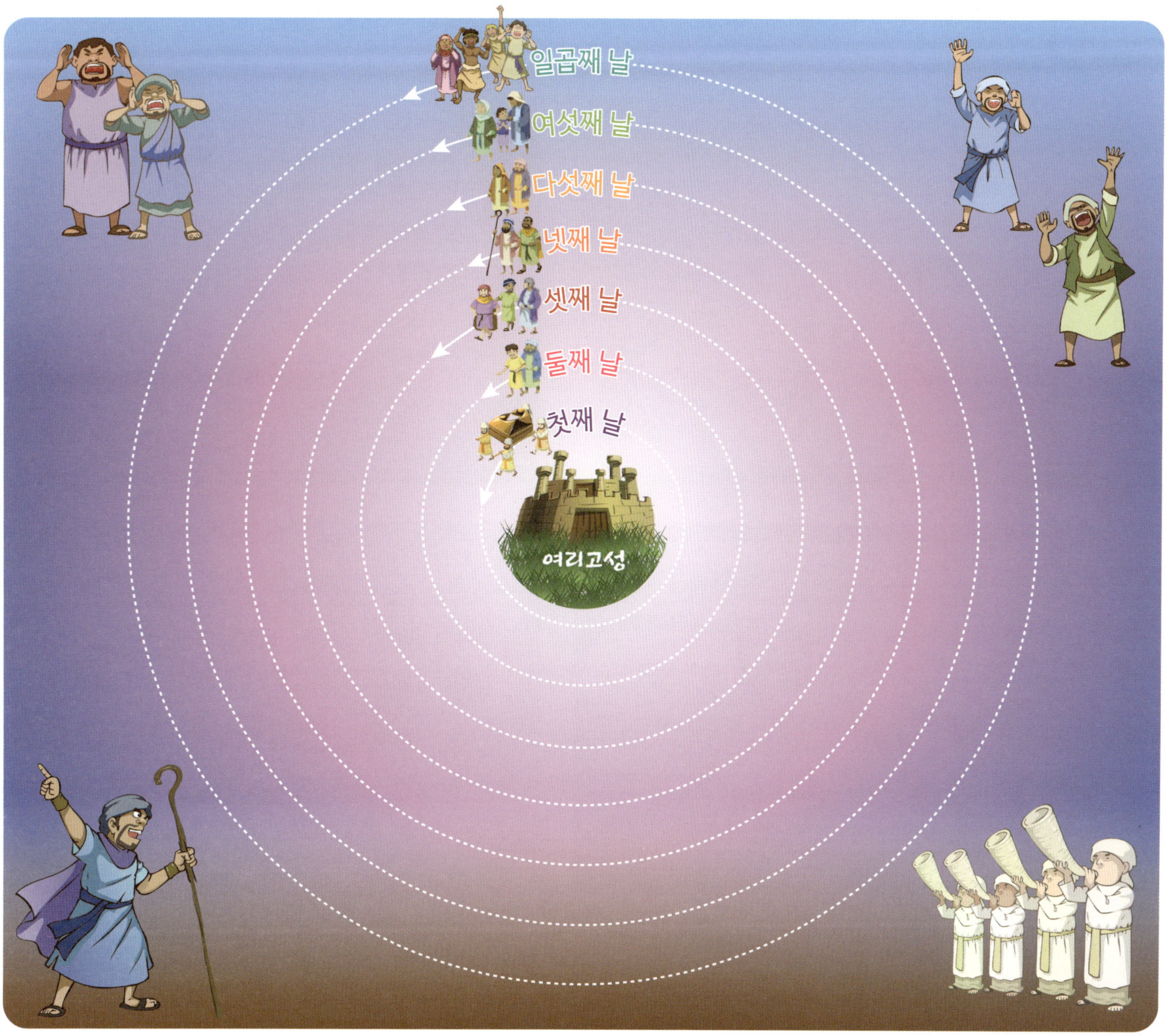

말씀 따르기

1. 내가 하나님 말씀을 따르기 위해 용기내어야 할 것은 무엇인지 발표하고 일주일 동안 구체적으로 실천해 보세요.
2. 예수님이 나를 위해 십자가에서 죽으심으로 내가 구원받았다는 것을 확신하나요?

기도하기

믿는 사람에게 용기를 주시는 하나님, 저도 저에게 주시는 하나님의 말씀을 감사하며 믿고 실천하는 믿음의 사람이 되겠습니다. 예수님의 이름으로 기도합니다. 아멘.

4과 의심을 극복한 기드온

소 주 제 : 의심을 버리는 용기
본문말씀 : 사사기 7장 20절(전체말씀 : 사사기 7장 1절~25절)
중심구절 : 세 무리가 나팔을 불고 항아리를 깨뜨렸습니다. 그들은 왼손에는 횃불을 그리고 오른손에는 나팔을 들고서 외쳤습니다. "여호와를 위한 칼, 기드온을 위한 칼!"

❶ 하나님께서는 기드온에게 많은 군사들 중에서 용감한 300명의 용사만을 골라내 미디안을 물리치라고 하셨어요.
두려워하는 자들과 무릎을 꿇고 물을 마시는 자들은 모두 돌려보내고 개처럼 물을 핥아 먹는 자들만 남겨라.
네, 하나님!

❷ 그날 밤, 하나님은 기드온에게 두려워하지 말라고 다시 말씀하셨어요.
기드온아, 의심하지 말고 용기를 가져라! 미디안 군대 진영으로 숨어 들어가 적군들의 말을 들어 보면 네가 큰 용기를 얻을 것이다.
네, 하나님!

❸ 미디안 군대 진영에 숨어 들어간 기드온은 적군들의 대화를 듣고 용기를 얻게 되었어요.
글쎄... 내가 꿈을 꿨는데 이 전쟁에서 이스라엘 하나님이 우리를 무너뜨렸어.
헉! 그렇다면 이번 전쟁은 우리가 지는 거야?

❹ 용기를 얻은 기드온은 300명의 용사들에게 나팔과 횃불을 감춘 빈 항아리를 준비하라는 이상한 명령을 내렸어요.
자! 미디안을 공격할 때, 나와 함께 나팔을 불면서 항아리를 깨고 횃불을 든 후 하나님의 이름을 크게 외쳐라!!
칼과 창이 아니라 웬 횃불과 빈 항아리?

❺ 하나님의 말씀대로 기드온과 300용사들이 미디안을 공격했을 때 놀라운 일들이 벌어졌어요.
모두! 공격 개시!
와장창! 쨍그랑!
여호와와 기드온의 칼이다!

❻ 하나님의 명령에 대한 의심을 버리고 용기를 가진 기드온과 300용사들은 미디안과의 전쟁에서 승리했어요.
하나님이 우리를 이기게 하셨다.
하나님 만세!!

단어 풀이 용사 용감한 군인 | 적군 싸워야할 상대편 군

<활동하기!> 기드온의 믿음의 횃불 만들기.

점선을 따라 살짝 접은 후 잡아당겨 주세요.
······ 안으로 접는 선 —·— 바깥으로 접는 선 ---- 자르는 선

<활동하기!> 기드온의 믿음의 횃불 만들기.

1. 맨 위의 자르는 선을 따라 횃불 부분을 모양데로 오려주세요.

2. 횃불봉은 손에 잡기 편하게 믿음의 횃불이라는 글씨가 가려지지 않도록
   둥글게 말아서 안쪽에 풀이나 테잎고정 시켜주세요.
   (스템플러를 사용하시면 좀 더 튼튼히 고정 시키실 수 있습니다.)

말씀 배우기

1 횃불을 들고 외치는 기드온과 나팔을 불며 항아리를 들고있는 기드온을 붙여보세요.

말씀 다지기

1 빈칸에 알맞은 답을 적어 보세요.

1. 하나님은 기드온에게 ☐☐☐☐의 용사만 고르라고 하셨어요.
2. 하나님은 기드온에게 ☐☐☐하지 말라고 말씀하셨어요.
3. 기드온과 300용사들은 나팔과 ☐☐을 감춘 항아리를 들고 전쟁터에 나갔어요.
4. 하나님의 말씀대로 기드온과 300용사들이 ☐☐☐을 공격했을 때 놀라운 일이 벌어졌어요.
5. 하나님 말씀을 따른 기드온과 300용사들은 미디안과의 전쟁에서 ☐☐했어요.

정답 1. 300명 2. 두려워 3. 횃불 4. 미디안 5. 승리

말씀 따르기

1. 이번 주에 내가 의심하지 않고 순종하여 지켜야 할 하나님의 말씀은 무엇인지 구체적으로 생각해보고 지켜보세요.

기도하기

용기를 주시는 하나님, 저도 기드온처럼 하나님 말씀을 의심하지 않고 따르는 믿음의 용사가 되게 도와주세요. 예수님의 이름으로 기도합니다. 아멘.

5과 하나님을 의지한 다윗

소 주 제 : 하나님을 의지하는 용기
본문말씀 : 사무엘상 17장 47절(전체말씀 : 사무엘상 17장 1절~54절)
중심구절 : 또한 여호와께서는 칼이나 창으로 구원하지 않으신다는 것을 여기 모인 사람들이 다 알게 될 것이다. 전쟁은 여호와께 속한 것이니 그분이 너희 모두를 우리 손에 넘겨주실 것이다.

❶ 어느 날, 블레셋은 힘이 세고 아주 키가 큰 골리앗을 앞세워 이스라엘을 쳐들어 왔어요.
겁쟁이들아! 우하하하!
저...저게 누구야?
거...인 골리앗이다~!!

❷ 이스라엘 군사들은 덩치가 큰 골리앗을 보고 무서워서 벌벌 떨고만 있었어요.
어이!! 겁쟁이들~ 어서 덤벼보시지.
엄청 힘세 보이는데... 덜덜덜...
무서워! 죽기 싫다구...

❸ 그때 전쟁터에서 심부름을 온 다윗은 하나님의 군대를 모욕하는 골리앗을 보고 화가 났어요.
감히 하나님의 군대를 모욕하다니... 가만 두지 않겠다!

❹ 다윗은 사울 왕에게 골리앗과 싸우겠다고 용기 있게 말했어요.
왕이시여! 제가 하나님을 의지하여 골리앗을 물리치겠습니다.
너 같은 꼬마가...? 흠...

❺ 골리앗은 다윗을 비웃었지만 하나님을 의지한 다윗은 용기를 가지고 조약돌을 던져 골리앗을 죽였어요.
억~ 으악!
하나님을 의지하여 너를 처단하리라! 이얏!

❻ 하나님을 의지하여 용기를 얻은 다윗은 골리앗과 블레셋을 무찔러 이겼어요.
하나님께서 도우셨습니다! 하나님 만세!
와아! 다윗에게 용기를 주신 하나님을 찬양하라 만세!

단어 풀이 모욕 자기보다 못하게 여기며 하찮게 여겨 욕되게 함 | 의지 마음을 붙여 도움을 받음

말씀 배우기

1 하나님을 의지하여 골리앗과 싸워 이긴 다윗을 스티커로 붙여보세요.

2 알맞은 것에 O표, 알맞지 않은 것에 X표를 해보세요.

이스라엘 군사들은 거인 골리앗을 보고

벌벌 떨었어요.

함께 웃었어요.

하나님을 모욕한 골리앗을 보고 다윗은

무서웠어요.

화가 났어요.

다윗은 용기를 가지고

조약돌을 던졌어요.

도망갔어요.

말씀 다지기

1 다윗이 조약돌을 던지자 골리앗은 어떻게 되었는지 O표 해보세요.

숨었어요.

죽었어요.

울었어요.

2 빈칸에 알맞은 답을 적어 보세요.

1. 블레셋 군대는 힘이 세고 키가 큰 ☐☐☐을 앞세워 왔어요.
2. 다윗은 하나님의 군대를 ☐☐하는 골리앗을 보고 화가났어요.
3. 다윗은 골리앗과 싸우겠다고 ☐☐있게 말했어요.
4. 다윗은 ☐☐☐을 의지하고 골리앗에게 조약돌을 던졌어요.
5. 하나님을 의지하여 싸운 다윗은 골리앗과 블레셋을 무찔러 ☐☐☐☐.

정답 1. 골리앗 2. 모욕 3. 용기 4. 하나님 5. 이겼어요

3 전쟁에서 승리한 다윗이 한 말을 쓰거나 선생님을 따라서 말해보세요.

하나님께서 도우셨습니다. 하나님 만세!

활동하기

1 하나님을 의지하여 전쟁에서 승리한 다윗을 색칠해보세요.

말씀 따르기

1. 지금 내가 가장 두려워하는 것은 무엇인지 친구들과 함께 이야기 해 보세요.
2. "하나님 오늘도 나와 함께 해 주세요."라고 매일매일 고백해 보세요.

기도하기

승리의 하나님, 다윗이 하나님을 의지한 것처럼 저도 무섭고 두려울 때 하나님을 찾고 의지하여 이겨내는 용기를 주세요. 예수님의 이름으로 기도합니다. 아멘.

6과 믿음의 결단을 한 다니엘

소 주 제 : 결단하는 용기
본문말씀 : 다니엘 1장 17절(전체말씀 : 다니엘 1장 1절~21절)
중심구절 : 하나님께서는 이 네 명의 젊은이들에게 지식을 주셔서 모든 학문과 재주에 뛰어나게 하셨습니다. 또한 다니엘에게는 모든 종류의 환상과 꿈을 깨닫는 특별한 능력까지 주셨습니다.

① 이스라엘 사람 다니엘과 세 친구는 바벨론으로 포로로 끌려갔어요.
여봐라! 포로들 중 지혜로운 소년들을 골라서 바벨론의 언어와 학문을 가르쳐 나를 섬기게 하라!
네, 폐하~
② 왕은 소년들에게 왕궁의 음식과 술을 줬는데, 그중에는 먹어서는 안되는 음식들이 많아서 다니엘과 세 친구는 용기를 내어 먹지 않기로 결심했어요.
와! 고기와 술들이 참으로 맛있군~!
하나님의 말씀을 지키기 위해 왕의 음식을 먹지 말고 채소와 물만 먹자!
③ 다니엘과 세 친구는 환관장에게 왕의 음식과 술을 먹지 않게 해 달라고 부탁했어요.
너희를 잘 먹이고 강하게 훈련시켜야하는데, 채소와 물만 먹다가 다른 소년들보다 약해 보이면 왕이 나를 죽일지도 모른다.
그럼, 열흘 동안 채소와 물만 먹어도 계속 건강하다면 그때 허락해 주세요.
④ 그런데 열흘 후 다니엘과 세 친구는 오히려 더 건강해졌어요.
와우! 너희들 어떻게 더 건강해질 수가 있지?
하나님의 도우심으로 더 건강해졌어요.
⑤ 하나님만을 의지하기로 결심한 용기 있는 다니엘과 세 친구들은 다른 어떤 소년들보다 가장 지혜로운 사람이 되었어요.
정말 저 소년들의 지혜가 놀랍구나!
하나님, 감사합니다.
⑥ 용기를 내어 하나님만을 의지했던 다니엘과 세 친구들은 하나님의 도우심으로 바벨론의 높은 사람이 되어 오랫동안 일했어요.

단어 풀이 포로 전쟁에서 진 나라의 사람을 데리고 가서 노예처럼 살게 하는 것 | 환관장 왕의 명령을 수행하는 내시들의 우두머리

말씀 배우기

1 다니엘과 친구들이 하나님 말씀을 지키기 위해서 먹지 않은 음식을 붙여보세요.

2 다니엘과 친구들이 어떤 결심을 하였는지 연결해보세요.

다니엘과 친구들

술과 고기를 마음껏 먹기

물과 채소만 먹기

말씀 다지기

1 **하나님 말씀을 지켜서 지혜롭고 건강해진 다니엘과 친구들이 한 고백에 O표 해보세요.**

배고파요.

하나님 감사합니다.

고기만 먹을래요.

2 **빈칸에 알맞은 답을 적어 보세요.**

1. 다니엘과 세 친구들은 바벨론에 ☐☐로 끌려갔어요.
2. 다니엘과 세 친구들은 용기를 내어 ☐과 ☐☐만 먹기로 결심했어요.
3. 물과 채소만 먹은 다니엘과 세 친구들은 약속한 열흘 후에 더 ☐☐해졌어요.
4. 하나님만 의지한 다니엘과 친구들은 가장 ☐☐☐☐ 사람이 되었어요.
5. 다니엘과 세 친구는 바벨론의 ☐☐ ☐☐이 되어 오랫동안 일했어요.

정답 1. 포로 2. 물, 채소 3. 건강 4. 지혜로운 5. 높은 사람

3 **다니엘처럼 하나님 말씀대로 살겠다는 결심을 쓰거나 선생님을 따라서 말해보세요.**

하나님 말씀대로 살겠습니다!

활동하기

1 하나님을 따르고 믿기 위해 내가 결심할 수 있는 것을 3가지 써 보세요.

1. ______________________

2. ______________________

3. ______________________

위 내용과 같이 하나님을 믿으며 따르기로 약속합니다.

이름 ____________

말씀 따르기

1. 내가 하나님의 자녀로 살기에 결심하고 끊어버려야 할 것은 무엇인가요?
2. 이번 주에 내가 꼭 결심하고 지켜야 할 일을 말하고 실천해 보세요.

기도하기

하나님, 저도 다니엘과 세 친구처럼 하나님의 말씀대로 사는 결심을 하고 매일 지킬 수 있는 믿음과 용기를 주세요. 예수님의 이름으로 기도합니다. 아멘.

7과 예수님의 제자가 된 마태

소 주 제 : 제자가 되는 용기
본문말씀 : 누가복음 5장 27절~28절(전체말씀 : 누가복음 5장 27절~32절)
중심구절 : 이 일 후에 예수께서는 밖으로 나가 레위라는 세리가 세관에 앉아 있는 것을 보고 말씀하셨습니다. "나를 따라라!" 그러자 레위는 그 자리에서 벌떡 일어나 모든 것을 버려두고 예수를 따랐습니다.

❶ 마태는 자기 민족인 유대인들에게서 돈을 걷어 로마에 바치는 세리였기에 유대인들로부터 미움을 받았어요.
저 세리는 절대 천국에 못 갈 거야!!
당연히 못가지! 이번에도 돈을 엄청 걷어갔다고!
❷ 마태는 돈이 너무 좋아서 유대인으로부터 일부러 돈을 많이 걷어서 일부는 로마에 바치고 일부는 자기가 가로챘어요.
으흐흐흐. 난 돈이 좋아. 돈이 최고야!
❸ 그런데 마태는 돈은 많았지만 외롭고 슬펐어요.
휴... 돈이 많은데 왜 이리 허전하지... 난 정말 천국에 갈 수 없는 것인가?
❹ 어느 날, 세관 앞을 지나가시던 예수님께서 마태를 보시고 제자로 부르셨어요.
마태야, 나를 따라와 내 제자가 되거라~!
네? 정말요?
❺ 마태는 예수님이 부르시자 용기를 내어서 모든 것을 버리고 따라갔어요.
마태! 돈을 걷다말고 어디 가는 거야?
난 예수님의 제자가 될 거야!
❻ 용기를 내어 예수님을 따라가 제자가 된 마태는 그 어느 때보다 행복했어요.
오늘은 갈릴리에서 천국 복음을 알려 주신대~ 빨리 예수님을 따라가자~
돈이 없어도 예수님을 따라다니니 정말 기뻐! 친구들도 많아지고~!

단어 풀이 세리 세금을 걷는 사람

말씀 배우기

1 마태를 부르는 예수님과 말씀에 따르는 마태를 스티커로 붙여보세요.

2 세리였지만 예수님을 만나서 제자가 된 사람의 이름을 써보세요.

말씀 다지기

1 예수님을 만나기 전에 마태가 사랑한 것을 O표 해보세요.

돈

음식

고양이

2 빈칸에 알맞은 답을 적어 보세요.

1. 마태는 유대인에게 돈을 걷어서 로마에 바치는 □□였어요.
2. 마태는 □을 좋아해서 유대인에게 세금을 더 많이 걷고 남은돈은 자기가 가로챘어요.
3. 마태는 돈은 많았지만 □□□□□.
4. 예수님은 마태를 보고 □□로 부르셨어요.
5. 마태는 예수님이 부르자 □□를 내어 모든 것을 버리고 따라갔어요.

정답 1. 세리 2. 돈 3. 외로웠어요 4. 제자 5. 용기

3 마태를 부르는 예수님의 말씀을 쓰거나 선생님을 따라서 말해보세요.

나를 따라와 내 제자가 되거라!

활동하기

1 예수님의 제자가 되기 위해 버려야 할 것들을 휴지통에 써보세요.

말씀 따르기

1. 나는 예수님을 따르는 제자가 되기 위해서 무엇을 버리겠습니까?
2. "나는 예수님의 제자가 되었어요"라고 큰 소리로 고백해보세요.

기도하기

사랑의 하나님, 저를 예수님의 제자로 불러 주셔서 감사합니다. 날마다 믿음으로 예수님을 잘 따라가겠습니다. 예수님의 이름으로 기도합니다. 아멘.

8과 끝까지 간청한 가나안 여인

소 주 제 : 거절을 두려워하지 않는 용기

본문말씀 : 마태복음 15장 28절 (전체말씀 : 마태복음 15장 21절~28절)

중심구절 : 그제야 예수께서는 "여인아, 네 믿음이 크구나! 네 소원대로 될 것이다."라고 대답하셨습니다. 그리고 바로 그때에 그 여인의 딸이 나았습니다.

❶ 예수님께서는 두로와 시돈이라는 외국으로 가셨는데 유대인들은 외국인을 매우 무시했어요.
예수님께서 왜 외국인 사는 곳에 오신거지...?
그러게 말이야~ 난 외국인 완전 싫은데!

❷ 그때 한 여인이 예수님께 다가왔지만 예수님은 그 여인을 모른 척하셨어요.
예수님, 귀신들린 제 딸을 제발 고쳐주세요!
이런, 외국 여자잖아. 귀찮으니 저리 가시오!

❸ 예수님은 외국인이라서 그 여인을 도와줄 수 없다고 하셨어요.
자녀들이 먹을 떡을 왜 개한테 주겠느냐? 넌 유대인이 아니라 외국인이지 않느냐.
아...이럴 수가! 예수님도 다른 유대인들처럼 외국인을 싫어하시나봐...

❹ 그러나 여인은 용기를 내어 예수님께 더욱 간절히 부탁하기로 결심했어요.
그래도 여기서 포기할 순 없지... 예수님은 분명히 외국인들까지 모두 사랑하신다고 하셨어...

❺ 여인은 용기를 내어 다시 예수님께 절하며 간청했어요.
맞아요. 저는 개와 같은 외국인이에요... 그러나 개들도 주인이 던져 주는 걸 먹고 살잖아요. 제발 저를 도와주세요.
여인아, 네 믿음이 정말 크구나! 네 소원대로 네 딸이 다 나았다!

❻ 예수님은 거절을 두려워하지 않았던 여인의 용기와 믿음을 칭찬하셨어요.
예수님, 정말 감사해요!

단어 풀이 거절 남의 제의나 요구, 금품 따위를 받아들이지 않고 물리침

말씀 배우기

1 **예수님께 도움을 구하는 여인과 예수님을 스티커를 붙여보세요.**

2 **예수님이 도움을 거절하자 여인이 한 행동을 찾아 연결해보세요.**

예수님
예수님을 원망했어요!
예수님께 돈을 드렸어요!
더욱 매달려서 요청했어요!

말씀 다지기

1 **더욱 열심히 매달린 여인에게 예수님은 어떻게 하셨는지 찾아서 O표 해보세요.**

칭찬하셨어요.

혼내셨어요.

딸을 고쳐주셨어요.

2 **빈칸에 알맞은 답을 적어 보세요.**

1. 예수님은 두로와 시돈이라는 [ ][ ] 으로 가셨어요.
2. 한 여인이 귀신들린 [ ] 을 고쳐달라고 예수님께 요청했어요.
3. 도움을 요청하는 여인을 예수님은 [ ][ ][ ] 이라서 도울 수 없다고 하셨어요.
4. 여인은 [ ][ ] 를 내어 예수님께 더욱 간청했어요.
5. 예수님은 [ ][ ] 을 두려워하지 않았던 여인을 칭찬해주셨어요.

정답 1. 외국 2. 딸 3. 외국인 4. 용기 5. 거절

3 **끝까지 도움을 구한 여인을 칭찬한 예수님의 말을 따라 쓰거나 선생님과 함께 말해보세요.**

네 믿음이 정말 크구나! 네 소원대로 될 것이다.

활동하기

1 **예수님께 무릎 꿇고 간청하는 여인과 예수님을 색칠해보세요.**

말씀 따르기

1. 예수님께서 들어주시지 않은 나의 기도는 무엇이 있나요?
2. 포기하지 않고 날마다 기도하고 싶은 기도제목을 적고 하루에 한번 씩 간절히 기도해 보세요.

기도하기

은혜의 하나님, 포기하지 않는 믿음을 주셔서 하나님께 칭찬받는 사람이 되게 해주세요. 예수님의 이름으로 기도합니다. 아멘.

9과 어려움을 극복한 한센병 환자

소 주 제 : 장애물을 두려워하지 않는 용기
본문말씀 : 마가복음 1장 40절(전체말씀 : 마가복음 1장 38절~45절, 레위기 13장 45절~46절)
중심구절 : 어떤 나병 환자가 예수께 다가와 무릎을 꿇고 애원했습니다. “선생님께서 원하시기만 하면 저를 깨끗하게 해 주실 수 있습니다.”

❶ 예수님이 갈릴리에서 아픈 사람들을 고치신다는 소문이 온 동네에 쫙 퍼졌어요.
예수님은 모든 병을 다 고치신대!
어떤 병이라도 다 고쳐주신대요!
❷ 다른 사람에게 병을 옮길 수 있는 한센병에 걸려 마을에서 쫓겨난 사람이 예수님의 소문을 듣게 되었어요.
이봐, 예수님은 무슨 병이든 고치신대. 우리 예수님께 가보자구!
뭐? 마을로 들어갔다가 돌에 맞아 죽으면 어떻게 하려고! 난 절대 안 가!
❸ 그러나 소문을 들은 한센병 환자는 용기를 내어 혼자서라도 예수님을 만나러 가기로 결심했어요.
예수님은 날 꼭 고쳐주실 거야! 돌에 맞더라도 예수님을 만날 거야!
❹ 한센병 환자는 모든 위험을 무릅쓰고 용기를 내어 예수님께 달려갔어요.
돌을 던져서 쫓아내라!
예수님, 저 좀 고쳐주세요!
으악! 한센병 환자다!
저리가!
❺ 예수님은 그를 불쌍히 여기시고 손을 몸에 대시며 말씀하셨어요.
내가 원하노니 깨끗함을 받으라!!
헉! 더러운 한센병 환자를 손으로 만지다니!!
❻ 그 순간 용기를 가지고 예수님을 만나러 온 한센병 환자는 깨끗하게 병이 나았어요.
이럴 수가!
와아! 내 병이 다 나았어요! 예수님, 감사합니다!

단어 풀이 정죄 다른 사람을 죄가 있다고 판단하고 결정하는 것

<활동하기!> 용기를 내어 예수님을 찾아가 깨끗하게 고침받은 한센 병 환자.

점선을 따라 살짝 접은후 잡아당겨 주세요. ······ 안으로 접는 선 ━ · ━ 바깥으로 접는 선 - - - - 자르는 선

어떤 나병 환자가 예수께 다가와 무릎을 꿇고 애원했습니다.

“선생님께서 원하시기만 하면 저를 깨끗하게 해 주실 수 있습니다.”

예수께서 불쌍히 여기시고 손을 내밀어 그를 만지시며 말씀하셨습니다. “내가 원한다. 자, 깨끗이 나아라!”

그러자 나병이 순식간에 사라지고 그가 깨끗이 나았습니다.

말씀 배우기

1 한센 병 환자가 예수님을 만나기 전과 예수님을 만난 후의 모습을 스티커로 붙여보세요.

말씀 다지기

1 빈칸에 알맞은 답을 적어 보세요.

1. 예수님이 □□ □□ 을 고치신다는 소문이 온 동네에 퍼졌어요.
2. □□ □ 에 걸려 동네에서 쫓겨난 사람이 예수님의 소문을 들었어요.
3. 한센 병 환자는 용기를 내어 □□□ 을 만나러 갔어요.
4. 예수님은 한센 병 환자를 불쌍히 여기시고 손을 대시자 병이 다 □□□□.

정답 1. 아픈 사람 2. 한센 병 3. 예수님 4. 나았어요

말씀 따르기

1. 내가 예수님을 만날 때 방해가 되는 것은 무엇이 있는지 말해보세요.
2. 나를 방해하는 것들을 떨쳐버리고 어떻게 하면 예수님을 더 만날 수 있을지 구체적인 계획을 세워보세요.

기도하기

하나님, 제가 예수님 만나는 일을 가장 중요하게 생각하고 행동하게 해 주세요. 그리고 예수님께로 나아오는데 방해하는 모든 사단의 권세들이 끊어지길 예수님의 이름으로 기도합니다. 아멘.

10과 정직하게 말한 여인

소 주 제 : 정직하게 말하는 용기
본문말씀 : 마가복음 5장 34절(전체말씀 : 마가복음 5장 24절~34절)
중심구절 : 예수께서 여인에게 말씀하셨습니다. "딸아, 네 믿음이 너를 구원했다. 이제 안심하고 가거라. 그리고 병에서 해방돼 건강하여라."

❶ 피가 멈추지 않는 병을 앓고 있던 여인이 예수님에 관한 소문을 듣고 만나기로 결심했어요.
나도 예수님께 가면 병이 나을 수 있을 거야...

❷ 그러나 예수님 주변에는 사람들이 너무 많아서 예수님께 가까이 나가기는 너무 어려웠어요.
어휴~ 사람들이 너무 많네...
줄 서요!
줄 서세요~

❸ 여인은 많은 사람들 때문에 예수님을 만나지 못했지만 예수님의 옷자락만이라도 만지고 싶었어요.
이 분의 옷자락만 만져도 나을 수 있을 거야!
밀지 마세요!!

❹ 그때, 예수님께서 자신의 옷에 손을 댄 사람이 누구인지 큰 소리로 물었어요.
지금 나의 옷자락에 손을 댄 사람이 누구냐? 내게서 능력이 나간 걸 내가 안다.
예수님, 이렇게 사람이 많은데 그걸 어떻게 알아요?

❺ 여인은 허락 없이 예수님의 옷에 손을 댔다고 혼날까봐 두려웠지만 용기를 내어 정직하게 말했어요.
예수님, 제가 당신의 옷자락을 만졌어요... 그리고 병도 다 나았어요...

❻ 용기를 내어 정직하게 말한 여인은 예수님께로 부터 믿음을 인정받고 병 고침도 받았어요.
네 믿음이 너를 구원하였구나. 평안히 가라!
정말 신기해. 옷자락만 만졌는데!
예수님이 정말 낫게 해주셨어요!

단어 풀이 인정 확실히 그렇다고 여김

말씀 배우기

1 용기를 가지고 예수님의 옷자락을 만진 여인과 예수님을 스티커로 붙여보세요.

2 아픈 여인을 치료해 주신 분의 이름을 따라 써 보세요.

예	수	님

말씀 다지기

1 예수님의 주변에 사람이 너무 많아서 만날 수 없게 되자 여인이 한 행동에 O표 해보세요.

집으로 돌아갔어요.

예수님의 옷자락을 만졌어요.

울기만 했어요.

2 빈칸에 알맞은 답을 적어 보세요.

1. 피가 멈추지 않는 병에 걸린 여인은 ☐☐☐에 관한 이야기를 들었어요.
2. 예수님 주변에는 ☐☐☐이 너무 많아서 예수님께 가기 어려웠어요.
3. 아픈 여인은 예수님의 ☐☐☐만이라도 만지고 싶었어요.
4. 예수님은 옷에 ☐을 댄 사람이 누군지 물으셨어요.
5. 용기내어 정직하게 말한 여인은 예수님께 ☐☐을 인정받았어요.

정답 1. 예수님 2. 사람들 3. 옷자락 4. 손 5. 믿음

3 예수님이 여인에게 한 말을 쓰거나 선생님을 따라서 말해보세요.

네 믿음이 너를 구원하였다!

활동하기

1 예수님의 옷자락에 손을 대고 믿음으로 고백해보세요.

예수님 믿습니다!
예수님 사랑합니다!

말씀 따르기

1. 나는 예수님을 만나기 위해서 어떤 용기를 내고 있는지 말해보세요.
2. 예수님께 기도할 때 나의 마음을 정직하게 고백하는지 생각해 보고 진짜 내 마음을 예수님께 알려드리세요.

기도하기

생명을 살리시는 하나님 아버지, 저도 예수님의 옷자락을 만진 여인처럼 간절하게 예수님을 붙들어 몸과 마음이 건강하게 해 주세요. 예수님의 이름으로 기도합니다. 아멘.

11과 죽기까지 섬기신 예수님

소 주 제 : 온전히 섬기는 용기
본문말씀 : 누가복음 22장 19절(전체말씀 : 누가복음 22장 19절~27절)
중심구절 : 그리고 예수께서 빵을 들고 감사기도를 드린 후 떼어 제자들에게 주면서 말씀하셨습니다. "이것은 내가 너희를 위해 주는 내 몸이다. 이것을 행해 나를 기념하라."

❶ 예수님이 많은 기적을 일으키시사 수많은 사람들이 예수님을 따랐어요.
예수님, 우리의 왕이 되어주세요!
능력이 많으신 예수님을 따라갈래요.

❷ 제자들은 덩달아 우쭐거리며 예수님을 따라다녔어요.
예수님이 왕만 되면 높은 자리를 얻게 될 거야...
내가 제일 높은 자리를 얻어야지...

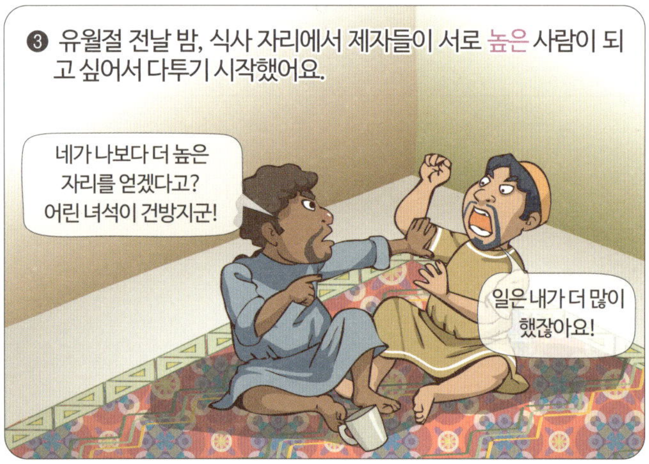
❸ 유월절 전날 밤, 식사 자리에서 제자들이 서로 높은 사람이 되고 싶어서 다투기 시작했어요.
네가 나보다 더 높은 자리를 얻겠다고? 어린 녀석이 건방지군!
일은 내가 더 많이 했잖아요!

❹ 예수님은 진짜 높은 사람은 낮은 곳에서 섬기는 사람이라고 제자들과 떡과 잔을 나누면서 말씀하셨어요.
이 떡과 잔은 너희를 위한 내 몸이며 내 피다! 나는 십자가에서 생명 다할 때까지 너희를 섬길 것이다.

⑤ 예수님은 우리를 살리시기 위해서 십자가에서 자신의 생명까지 버리시는 용기를 보여 주셨어요.

⑥ 예수님의 용기 있는 섬김은 십자가에서 죽기까지 온전히 계속되었어요. 그리고 우리를 위해 죽으심으로 우리가 영원한 생명을 얻었어요.
예수님의 온전한 섬김으로 우리가 살 수 있게 되었어...
죽기까지 섬기신 예수님 감사해요!
예수님처럼 섬기는 사람이 될게요.

단어 풀이 섬김 공경하여 받들어 모시는 것 | 우쭐거리다 의기양양하여 뽐내다

말씀 배우기

1 십자가에 못 박히신 예수님과 우리가 얻은 것을 스티커로 붙여보세요.

2 알맞은 것에 O표, 알맞지 않은 것에 X표를 해보세요.

예수님은 가시는 곳마다 많은  기적을 /  문제를 일으키셨어요.

예수님은 진짜 높은 사람은  권력을 가진 /  낮은 곳에서 섬기는 사람이라고 하셨어요.

예수님은 십자가에서  자신의 생명을 /  돈을 버리는 용기를 보이셨어요.

말씀 다지기

1 예수님이 말한 진짜 높은 사람은 어떤 사람인지 찾아 O표 해보세요.

이웃을 돕는 사람

한 나라의 왕

돈이 많은 사람

2 빈칸에 알맞은 답을 적어 보세요.

1. 예수님의 기적을 보고 수 많은 사람들이 ☐☐☐ 을 따랐어요.
2. 예수님 제자들은 서로 ☐☐ 사람이 되겠다고 다투었어요.
3. 예수님은 진짜 높은 사람은 낮은 곳에서 ☐☐☐ 사람이라고 하셨어요.
4. 예수님은 우리를 위해서 십자가에서 자신의 ☐☐ 을 버리셨어요.
5. 우리는 예수님의 죽음을 통해서 ☐☐☐ ☐☐ 을 얻었어요.

정답 1. 예수님 2. 높은 3. 섬기는 4. 생명 5. 영원한 생명

3 우리를 위해 죽기까지 섬기신 예수님께 감사의 말을 쓰거나 따라서 읽어보세요.

우리에게 영원한 생명을 주셔서 감사합니다!

활동하기

1 가족과 이웃을 사랑으로 잘 섬길 수 있도록 하트를 통과하여 가는 길을 안내해 주세요.

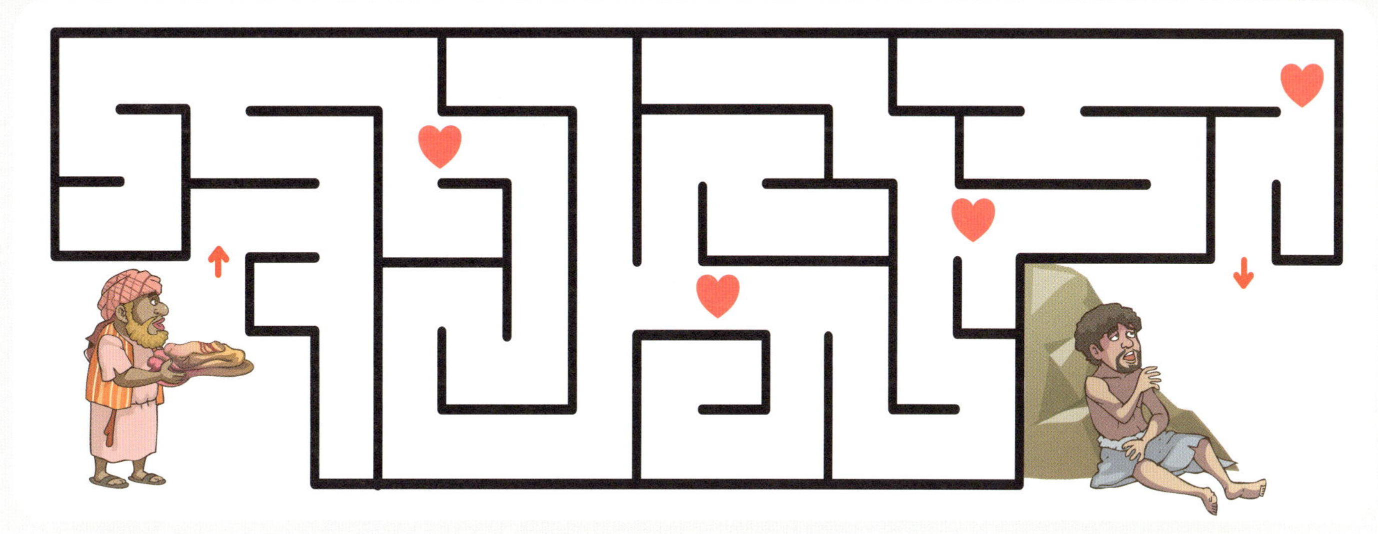

말씀 따르기

1. 내가 우리 집에서 섬길 수 있는 일을 2 가지 찾아서 발표해 보세요.
2. 우리 교회에서 오늘 어떤 섬김을 할 수 있는지 생각해 보고 집에 가기 전 실천해 보세요.

기도하기

우리를 죽기까지 사랑하시고 섬겨주신 예수님, 예수님을 통해서 얻은 영원한 생명을 감사하며 저희도 이웃을 사랑하고 섬기는 사람이 되겠습니다. 예수님의 이름으로 기도합니다. 아멘.

12과 순종하여 광야로 나간 빌립

소 주 제 : 순종하는 용기
본문말씀 : 사도행전 8장 26절(전체말씀 : 사도행전 8장 26절~40절)
중심구절 : 그때 주의 천사가 빌립에게 “너는 예루살렘에서 가사로 내려가는 광야 길을 따라 남쪽으로 가거라.”하고 말했습니다.

❶ 예루살렘 교회가 핍박을 받고 있던 어느 날, 천사가 빌립을 찾아와 광야로 가라고 말했어요.
광야 길로 가거라!
아... 네...

❷ 빌립은 광야로 나가는 것이 두려웠지만 용기를 내어 순종하며 광야로 갔어요.
왜 아무도 없는 광야로 가라고 하실까? 아휴~ 더워라

❸ 빌립은 마차를 타고 성경을 읽으며 광야를 지나던 한 흑인을 만나게 되었어요. 그는 에디오피아 여왕의 재산을 관리하는 내시였어요.
마차 안에 있는 사람을 만나거라!
무섭지만 하나님께서 만나라고 하시니까 용기 내어 가봐야지...

❹ 빌립은 그 내시에게 달려가서 성경에 대해서 아는지 물었어요.
지금 읽는 글이 무슨 뜻인지 압니까?
성경을 가르쳐 주는 사람이 없어서 모르겠소...

❺ 빌립은 하나님께서 광야로 가라고 하신 이유를 깨닫고 내시에게 복음을 전했어요.
‘도살장으로 끌려가는 양’ 이란 바로 예수님을 말합니다!
아~ 그렇군요! 세례를 받고 예수님을 믿겠습니다.

❻ 빌립은 용기를 가지고 하나님의 말씀에 순종하여 많은 사람들에게 예수님을 전했어요.
예수님 믿으세요!
예수님을 믿으라고...?
웅성웅성

단어 풀이 광야 텅 비어있는 끝이 없이 넓은 들판

말씀 배우기

1 천사를 만난 빌립과 광야에서 성경을 배우는 내시를 스티커로 붙여보세요.

2 알맞은 것에 O표, 알맞지 않은 것에 X표를 해보세요.

빌립은 천사의 말을 듣고 용기를 내어

광야로 갔어요.

배를 타러 갔어요.

광야에서 빌립이 만난 내시는

노래를 부르고 있었어요.

성경을 읽고 있었어요.

빌립은 내시에게 성경에 대해서 설명해 주고

복음을 전했어요.

마차를 빼앗았어요.

말씀 다지기

1 천사가 한 말에 순종하여 빌립이 간 곳은 어디인지 찾아 O표 해보세요.

우상을 찾아갔어요.

나무 그늘 밑으로 갔어요.

광야로 갔어요.

2 빈칸에 알맞은 답을 적어 보세요.

1. 천사가 빌립을 찾아와 ☐☐ 로 가라고 말했어요.
2. 빌립은 두려웠지만 용기 내어 ☐☐ 하여 광야로 갔어요.
3. 광야에서 빌립은 ☐☐ 을 읽고 있던 내시를 만났어요.
4. 빌립은 내시에게 성경에 대해서 설명해 주고 ☐☐ 을 전했어요.
5. 빌립은 그 후에도 많은 사람들에게 ☐☐☐ 을 전했어요.

정답 1. 광야 2. 순종 3. 성경 4. 복음 5. 예수님

3 빌립이 용기를 가지고 순종하여 많은 사람들에게 전한 말을 쓰거나 따라 읽어보세요.

예수님 믿으세요!

활동하기

1 **용기를 가지고 순종한 빌립이 광야로 갈 수 있도록 길을 안내해 주세요.**

말씀 따르기

1. 부모님 말에 순종하지 않을 때는 언제인지 발표해 보세요.
2. 오늘 내가 하나님 말씀에 순종할 것은 무엇인지 생각해 보고 바로 실천해 보세요.

기도하기

순종을 기뻐하시는 하나님, 저도 빌립처럼 하나님 말씀에 순종하고 부모님께 순종하는 마음을 갖도록 도와주세요. 예수님의 이름으로 기도합니다. 아멘.

13과 끝까지 헌신한 누가

소 주 제 : 헌신하는 용기
본문말씀 : 디모데후서 4장 11절(전체말씀 : 누가복음 1장 1절~4절, 골로새서 4장 14절, 디모데후서 4장 11절)
중심구절 : 누가만 나와 함께 있다. 그대는 올 때 마가를 데리고 와라. 그는 내 사역에 도움이 되는 사람이다.

❶ 외국인이었던 누가는 예수님을 믿고 복음을 전하게 되었어요.
예수님이 우리 죄를 위해 죽으셨습니다.
아멘~

❷ 누가는 예수님에 관한 복음을 썼고 많은 사람들이 누가복음을 읽고 예수님을 알게 되었어요.
예수님의 이야기를 재미있고 자세히 썼군...
예수님이 하신 일들이 한눈에 쏙~ 들어와요!

❸ 의사였던 누가는 바울과 함께 전도 여행을 떠나기도 했어요.
바울 선생님의 건강은 제가 책임질게요!
정말 고맙네!

❹ 전도 여행은 매우 위험했지만 누가는 용기를 내어 끝까지 바울을 도왔어요.
건강을 위해 이 약 좀 드세요!
많은 사람들이 내 곁을 떠났지만 자네는 끝까지 나를 도와주는군!

❺ 또한 누가는 초대교회의 역사를 기록하였는데 이 책이 바로 사도행전이에요.
성령님의 역사가 자세하게 쓰여 있어!
마치 영화를 보는 듯한데!

❻ 누가는 자신의 재능을 사용하여 용기 있게 끝까지 헌신을 했어요.
복음을 전하는 일이 겁나지 않아요!

단어 풀이 재능 재주와 능력 | 헌신 몸과 마음을 바쳐 있는 힘을 다하는 것

말씀 배우기

1 용기를 내어 끝까지 헌신한 누가를 스티커로 붙여보세요.

2 예수님에 관한 복음과 초대교회의 역사를 기록한 누가의 복음서는 무엇인지 써보세요.

누	가	복	음
사	도	행	전

말씀 다지기

1 누가는 위험했지만 끝까지 누구와 함께 전도여행을 했는지 O표 해보세요.

예수님

여호수아

바울

2 빈칸에 알맞은 답을 적어 보세요.

1. 외국인이었던 누가는 예수님을 믿고 ☐☐ 을 전했어요.
2. 누가가 쓴 누가복음을 읽고 사람들은 ☐☐☐ 을 알게 되었어요.
3. 누가는 바울과 함께 ☐☐ 여행을 떠나기도 했어요.
4. 전도여행은 위험했지만 누가는 끝까지 ☐☐ 을 도왔어요.
5. 누가는 자신의 재능을 사용해서 끝까지 ☐☐ 했어요.

정답 1. 복음 2. 예수님 3. 전도 4. 바울 5. 헌신

말씀 따르기

1. 하나님이 내게 주신 재능을 2가지만 찾아서 발표해 보세요.
2. 이번주에 내가 가진 재능을 교회를 위해서 어떻게 사용할 수 있을지 생각해 보고 실천해 보세요.

기도하기

저에게도 재능을 주신 하나님 감사합니다. 제가 가진 재능을 하나님 나라를 위해서 매일매일 사용하고 헌신하는 사람이 되도록 도와주세요. 예수님의 이름으로 기도합니다. 아멘.

<활동하기!> 용기를 가지고 끝까지 헌신한 누가의 이야기를 책으로 만들어보세요.

용기를 가지고
끝까지 헌신한 누가

세상에서 가장 재미있는 갓스토리
다섯 번째 이야기 - 용기

3P
의사였던 누가는 바울과 함께
전도 여행을 떠나기도 했어요.

4P
전도 여행은 매우 위험했지만 누가는 용기를 내어
끝까지 바울을 도왔어요.

점선을 따라 살짝 접은후 잡아당겨 주세요. ······ 안으로 접는 선 — · — 바깥으로 접는 선 - - - - 자르는 선

외국인이었던 누가는 예수님을 믿고
복음을 전하게 되었어요.

누가는 예수님에 관한 복음을 썼고 많은 사람들이
누가복음을 읽고 예수님을 알게 되었어요.

또한 누가는 초대교회의 역사를
기록하였는데 이 책이 바로
사도행전이에요.

누가는 자신의 재능을 사용하여
용기 있게 끝까지 헌신을 했어요.

1P

3P

4P

5P

6P

* 누가의 모습을 회색 라인을 따라 모두 가위로 오려 주시고
이야기에 맞는 그림을 붙여 완성해 주세요.

〈 만드는 법 〉

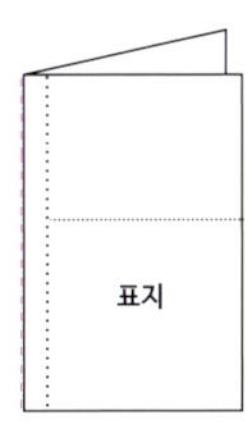

1. 그림과 같이 선을 따라 세로로 반을 접으세요.

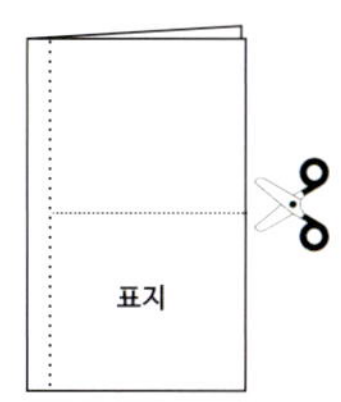

2. 굵은 점선을 따라 가위로 오린 다음, 종이를 모두 펴세요.
   * 점선이 표시되어있는 곳까지만 오려주세요.

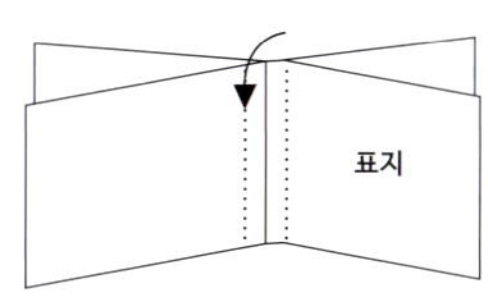

3. 모두 펴진 종이를 그림과 같이 가로로 반을 접으세요.

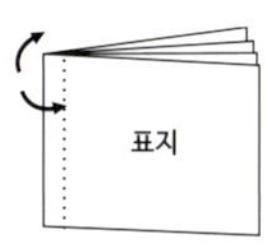

4. 종이를 다시 반으로 접어 책표지가 맨 앞으로 오게 해 주세요.

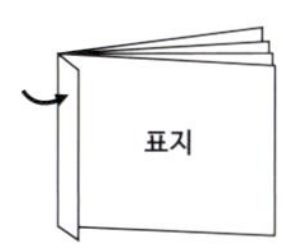

5. 책장을 고정시킬 왼쪽 끝부분을 앞쪽으로 접었다 뒤쪽으로도 접었다 펴세요.

6. 왼쪽 끝부분의 위 아래에 클립을 꽂아 고정하면 책이 완성됩니다.

* 표지 첫 장을 넘겨보시면 안쪽에 얇은 선이 있습니다. 그 선을 중심으로 장을 접어 넘겨주시면 됩니다.

세상에서 가장 재미있는 갓스토리

다섯 번째 이야기

용기

STICKER 1

하나님을 의지하며 믿음으로 승리한
용기있는 성경 속 인물들의 이야기!

5p

9p

13p

19p

21p

25p

29p

33p

39p

41p

45p

49p

53p

세상에서 가장 재미있는 갓스토리

다섯 번째 이야기

용기

STICKER 2

하나님을 의지하며 믿음으로 승리한
용기있는 성경 속 인물들의 이야기!

5p

9p

13p

19p

21p

25p

29p

33p

39p

41p

45p

49p

53p